MICHAEL FINK

Freispiel Impulse

Bauen und Konstruieren

HERDER

FREIBURG · BASEL · WIEN

2. Auflage 2025

Hermann-Herder-Straße 4, 79104 Freiburg

www.herder.de
produktsicherheit@herder.de

Umschlaggestaltung: Sabine Ufer
Umschlagfoto und Fotos im Innenteil: Michael Fink
Satz und Gestaltung: Sabine Ufer

Herstellung: PNB Print Ltd
Printed in Latvia

ISBN 978-3-451-38542-1

Inhalt

Neue Impulse fürs Freispiel in der Bauecke

In diesem Buch stelle ich Ihnen 26 „Bau-Sets“ vor: Das ist jeweils eine Kombination aus zwei, drei oder vier Materialien. Welche Materialien in einem Set zusammentreffen, ist alles andere als Zufall: Sie lassen sich besonders gut miteinander verbinden – und zwar ohne Klebstoff, Klebeband oder Kabelbinder. Das hat interessante Auswirkungen:

- Die Kinder fokussieren sich auf Bauprozesse, nicht auf Ergebnisse. Weil das Gebaute nicht „erstarrt“, liegt es nahe, ein Bauwerk nach dem Herstellen wieder zu demontieren und etwas Neues aus dem Material zu errichten.
- Beim Bauen ohne Klebstoff oder Kleister kleckert nichts, es ist kaum Tisch- und Wandschutz nötig.
- Die Materialien können nach dem Bauen wiederverwendet werden, da sie den Bauprozess ziemlich unbeschadet überstehen.
- Die Klebstofflosigkeit regt die Kinder an, sich auf neue und pfiffige Verbindungstechniken einzulassen.

Neben der Verbindbarkeit haben alle Materialien für die hier vorgestellten Bau-Sets eine weitere Gemeinsamkeit: Sie wurden nicht speziell als Spielmaterial für Kinder entwickelt. Deswegen sind sie nicht im Spielzeugladen erhältlich, sondern sie stammen aus dem Baumarkt, Haushaltswarenladen oder der Drogerie. Anderes ist eigentlich „Abfall“: Insbesondere Verpackungsmaterial erfährt ein kreatives Upcycling. Wunderbarer Nebeneffekt: So ein Bau-Set ist preiswert. Zusammen kosten die in diesem Buch vorgestellten Materialien kaum 50 Euro. Viele Gegenstände sind für die Kinder alltäglich, was bedeutet, dass sie diese auch zu Hause entdecken und weiterbauen können. Dazu zählen unter anderem auch Einwegartikel – wie Strohhalme und Plastik- oder Pappbecher –, die in den Händen der Kinder aber zum Mehrweg- und Vielzweckspielzeug werden.

So geht's – Die Bau-Sets in der Praxis

Wie können Sie diese Sets einsetzen? Es ist gut, sich vorher ein paar Gedanken über den Einsatz zu machen.

▶ ***Material beschaffen und vorbereiten***

Beschaffen Sie das Baumaterial rechtzeitig vor der ersten Aktion. Für manche Materialien bietet es sich an, Eltern und Kolleginnen und Kollegen zum Sammeln einzuladen. Hinweise zu den Materialien und auf Bezugsquellen finden Sie im Glossar, in diesem Buch auf der Seite 64.

Zu manchen Aktionen gehören Vorbereitungsschritte, die mit einfachem Werkzeug wie Cutter, Schere oder Locher erledigt werden können – und bei denen ältere Kinder gerne mitwirken können.

► *Sets vorbereiten*

Halten Sie pro Set eine überschaubare Menge jedes Materials bereit, orientieren Sie sich dabei an den Materialfotos. Halten Sie Reservematerial bereit.

Bewahren Sie die Materialien für jedes Bau-Set in einer flachen, transparenten Box auf. Sehr kleine Teile, wie beispielsweise Fliesenkreuze, sollten Sie gesondert in einem Zip-Beutel bereithalten.

Für Inspiration sorgen auf die Box geklebte Fotos mit fertigen Werken; das Aufräumen nach dem Freispiel erleichtert ein Foto mit allen enthaltenen Teilen.

► *Ein neues Set vorstellen*

Stellen Sie das Set auf Tisch oder Boden bereit. Es bietet sich an, ein Inspirationsobjekt anzufangen, an dem die Kinder gerne weiterbauen. Fotos fertiger Objekte können die Kinder auf zusätzliche Ideen bringen, was mit dem Set gebaut werden kann.

Einige Sets brauchen unkomplizierte, eigentlich selbstverständliche Regeln, weil Werkzeuge wie Schraubendreher oder Hämmerchen zum Einsatz kommen.

► *Im Freispiel einsetzen*

Wenn die Kinder neue Bau-Sets kennengelernt haben, können sie diese wie andere Spiele in der Bauecke selbstständig auswählen. Halten Sie drei bis vier verschiedene Bauset-Boxen bereit. Die Kinder können allein, zu zweit, aber auch in der Kleingruppe mit einem Bau-Set spielen.

► *Beobachten und dokumentieren*

Beobachten Sie das Spiel der Kinder, halten Sie Zwischenergebnisse und „fertige" Objekte auf Fotos fest. Bauen Sie ruhig ab und an mit: Ein aktiver Erwachsener ist eine tolle Inspiration für Kinder.

► *Sets verbinden*

Obwohl jedes Set eine bestimmte Materialkombination aufweist, macht es aus Sicht der Kinder oft Sinn, die Dinge eines Sets in ein anderes Set überwechseln zu lassen. Lassen Sie das zu, erinnern Sie daran, dass Sie sich beim Aufräumen auf die Mithilfe der Kinder verlassen.

► *Aufräumen*

Die Bau-Sets leben davon, dass das Material darin geordnet angeboten wird. Erinnern Sie daher die Kinder rechtzeitig an den bevorstehenden Beginn der Aufräumzeit: So, jetzt noch 10 Minuten!

► *Fürs Bauen begeistern*

Stellen Sie entstandene Fotos und wenige Objekte im Elternbereich aus. Legen Sie ein wenig vom verwendeten Material auf einem Tischchen dazu. So kommen Eltern und Gäste auf den Geschmack und bauen selbst ein wenig. Das schafft eine Brücke von der Kita zum Zuhause des Kindes.

Hochstapler

Mit dem Stapeln fängt das Bauen an. Schon früh begreifen Kinder, dass man Dinge aufeinanderlegen oder -stellen kann. Wenn man das gut macht, fällt das so entstandene Bauwerk nicht gleich wieder um. Aber was heißt „gut“ stapeln? Das probieren Kinder unermüdlich und mit viel Spaß aus. Beim Stapeln geht es um Statik. Der Kindergarten-Pionier Friedrich Fröbel hat über die bestmögliche Form von Bausteinen nachgedacht, die Kinder zum intensiven Erproben motivieren, und entwickelte verschiedenste Formen aus Holz. Stapelspaß ergibt sich aber auch mit Alltagsmaterialien: Probieren Sie doch mal Hochstapler-Bau-Sets mit Tetrapak oder Eierkartons! Die fördern Fingerfertigkeit und Konstruktionsgeschick.

Schwamm & Co.

▶ **Material:** 3 bis 4 Sets aus 10 bunten Putzschwämmen mit Kratz-Seite; 1 bis 2 größere, dünne Schaumstoffplatten; 1 Rohrisolierungsrohr und / oder Poolnudel
Für die Vorbereitung: Schere, Küchenmesser

Schloss Neuschwammstein

Schwämme eignen sich bereits „pur" hervorragend als Bausteine. Mehr Möglichkeiten ergeben sich mit mehr Bausteinen, dazu einfach die Schwämme teilen: Die Putzschwämme mit einer großen Schere längs halbieren. Einige der so entstandenen Streifen (Quader) in kleine Würfel schneiden. Aus den Schaumstoffplatten für Bodenplatten und Dächer Quadrate und Rechtecke (10 x 10, 10 x 20 bis 30 x 30 cm) zurechtschneiden. Runde, flache Formen oder Zylinder entstehen, wenn man mit einem geriffelten Küchenmesser von Rohrisolierung oder Poolnudel mehr oder weniger dicke Scheiben abschneidet. Einige der so entstandenen Formen halbieren, um Bögen anbieten zu können.

So geht's

„Mauern" Sie ein wenig vor, indem Sie auf einer Grundplatte – einem flachen Stück Schaumstoff – eine Mauer mit mehreren „Steinreihen" errichten. Es ist ganz einfach, die Schwämme aneinander haften zu lassen: Zwei Schwämme aneinanderhalten, ein bisschen zusammenquetschen und loslassen. Oder zwei Kratz-Unterseiten aneinander reiben, wodurch sie wie Klettverschlüsse aneinanderhaften.

Becher + CDs

► **Material:** 40 bis 50 normale Papier- oder Plastikbecher in möglichst bunten Farben; 20 bis 30 „Schnapsbecher“ aus Papier oder Plastik, ebenfalls bunt; 3 bis 5 Sektkelche aus Plastik; 5 bis 10 CDs oder andere bunte Scheiben

Stapelspaß

Gleichartige, verschieden große Eimerchen, aus denen Stapeltürme wachsen, sind Standard in fast jeder Bauecke. Noch mehr Stapelspaß entsteht mit einer Kombination aus unterschiedlich geformten Gefäßen und Scheiben. Der Schwierigkeitsgrad ist etwas höher, wird aber belohnt mit schön anzusehenden Türmen, wenn Sie als Ausgangsmaterial quietschbunte Becher anbieten.

So geht's

Ein einfacher Becherpfeiler wächst schnell in die Höhe, das ist ein Kinderspiel! Regen Sie an, höhere Türme als die eigene Größe zu bauen – es ist genug Material da! Wer mag mal etwas schwierigere Techniken ausprobieren? Zeigen Sie den Kindern, wenn sie nicht selbst darauf kommen, wie sich Becher an der Seite mit der Öffnung aufeinanderstapeln lassen, indem man eine CD dazwischenlegt. Oder Türme mit mehreren Pfeilern bauen, die dann nach oben zusammenwachsen – wie der Eiffelturm.

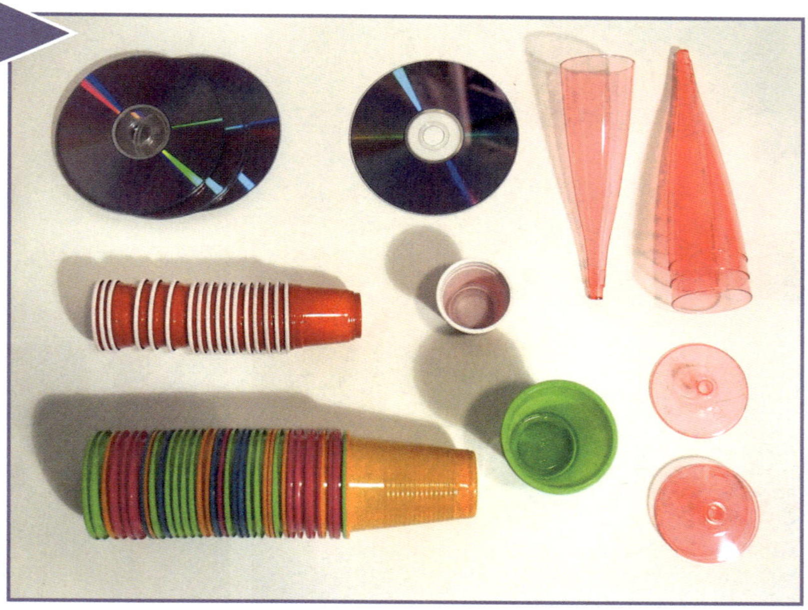

Tetrapak + Tetrapak

► **Material:** 30 bis 40 Tetrapaks
Für die Vorbereitung: Spülmittel, Cuttermesser, Kreppklebeband

Superleichte Quader – selbst gemacht

Mit ausgespülten Tetrapaks lassen sich in Windeseile große Bauwerke errichten. Vielleicht sammeln die Eltern mit! Wichtig: Die Tetrapaks sollten das gleiche Format haben. Und dann müssen die Faltkartons ein wenig vorbereitet werden, damit sie als Bausteine gut funktionieren:
1. Die Tetrapaks zweimal mit etwas Spülmittel ausspülen und anschließend mit der Öffnung nach unten einige Tage trocknen lassen – am besten draußen.
2. Da der Verschluss beim Bauen mit „unbehandelten" Einzel-Tetrapaks stört, verbinden wir einfach zwei Faltkartons zu einem makellosen „Baustein": Dazu ein Tetrapak an der Oberseite öffnen (auseinanderfalten), den Schraubverschluss entfernen und die Öffnung vorsichtig über ein zweites ungeöffnetes Tetrapak stülpen. Beide Faltkartons mit Kreppklebeband verbinden – fertig ist ein stabiler, etwa 35 cm langen „Baustein".

Tipp

Schneiden Sie bei einigen Tetrapaks die Oberseite mit dem Cutter diagonal ab. Diese „spitzen" Einzel-Tetrapak-Bausteine kommen als Eckverbindungen zum Einsatz: Einfach die spitze Öffnung im 45-Grad-Winkel in einen langen Tetrapak-Baustein einstecken.

FRISCHE VOLL MILCH

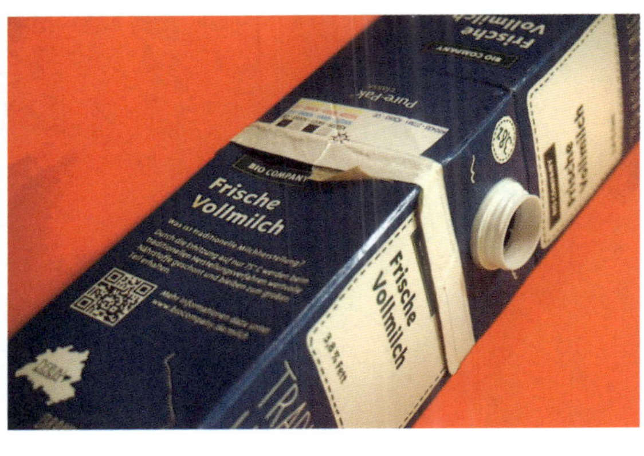
BIO COMPANY
Frische Vollmilch
Frische Vollmilch

Eierkarton + Papprohr

► **Material:** 20 bis 30 Eierkartons in Plattenform (aus Hygienegründen unbenutzte, beim Bauern erbitten oder im Internet bestellen, sehr preiswert im Großgebinde!); 20 bis 30 Pappröhren von Küchenrollen, Geschenk- und Toilettenpapier

Ei, ei, ei – wächst hoch hinaus!

Preiswert zu beschaffen und gut zu verbauen sind quadratische Eierkartons in Plattenform. Sie lassen sich ganz einfach stapeln. Noch mehr Stapelspaß ergibt sich in Kombination mit Pappröhren in unterschiedlichen Längen, denn die passen ziemlich genau in die Lochung für die Eier. Da können Häuser entstehen und Hochhäuser wachsen, es entstehen aber auch Schiffe mit Schornstein etc.

Tipp

Mehr Formenvielfalt beim Eierkarton gewünscht? Halbrunde oder geknickte Wände lassen sich ganz einfach herstellen, indem man die Kartons in Wasser taucht, vollsaugen lässt, in die gewünschte Form biegt – und einfach trocknet.

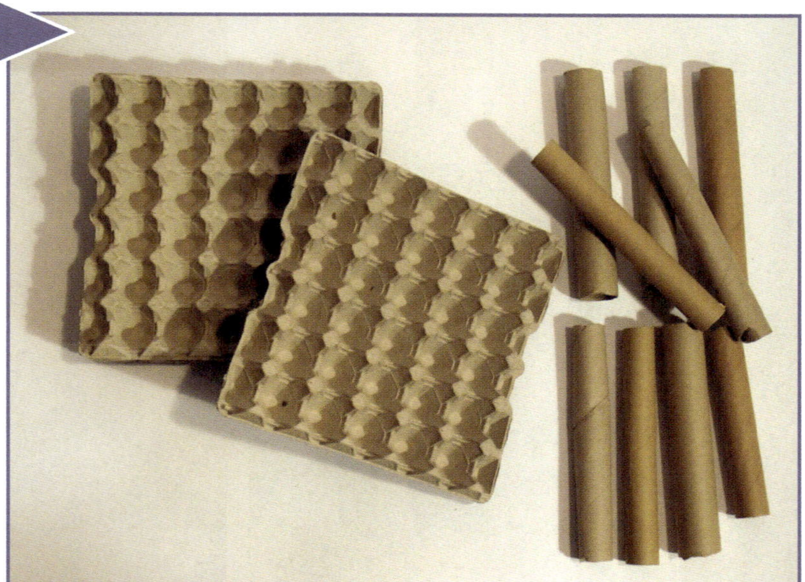

Kantenschutzwinkel + Klammer

▶ **Material:** 5 bis 10 Kantenschutzwinkel aus Pappe (ca. 1 Meter lang), 30 bis 40 kurze Kantenschutzwinkel (ca. 10–20 cm lang), 20 stabile Wäscheklammern oder andere Klemmen
Für die Vorbereitung: evtl. Holzsäge

Hochbau mit Eckstücken

Dies Papp-Verpackungsmaterial soll eigentlich Kanten schützen – z. B. bei der Lieferung von Elektrogeräten –, es lässt sich aber auch als unverwüstliches Konstruktionsmaterial nutzen. Sie können es sammeln oder im Versandhandel bestellen. Papp-Kantenschutzwinkel gibt in unterschiedlichen Längen (ab 10 cm). Für dieses Bauset werden viele Stücke in 10 bis 20 cm Länge benötigt, außerdem wenige lange (etwa 1 Meter). Mit einer Holzsäge lassen sich lange Kantenschutzwinkel leicht aufs entsprechende Maß bringen.

So geht's

Bauen Sie einige Konstruktionen vor, um den Kindern mögliche Bauprinzipien zu zeigen: In der einfachsten Variante zwei Winkel mit Abstand und mit der Öffnung nach unten hinlegen, dann die nächste Winkel-Lage quer darauflegen. Kompliziertere Hochbau-Konstruktionen sind möglich: Dazu die Winkel aufrecht hinstellen und oben mit quergelegten Winkeln verbinden. Zeigen Sie außerdem, wie zwei Winkel durch eingesteckte Wäscheklammern miteinander verbunden werden können.

NYC

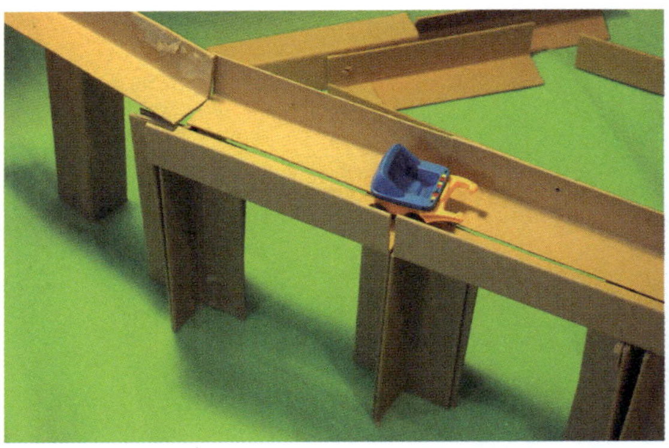

Wäscheklammer + Löffelholz

► **Material:** 40 bis 50 Holz-Wäscheklammern, 100 Löffelhölzchen
evtl. 5 bis 10 Zahnstocher, evtl. 1 Poolnudel

Treffen sich zwei …

Zwei hölzerne kleine Materialien treffen in diesem Set aufeinander: Wäscheklammern und Löffelhölzer lassen sich gut zum Stapeln von Türmen verwenden. Nutzt man die Klammern zum Befestigen, entstehen aus ihnen und den Hölzern auch Mini-Möbel oder sehr waghalsige Turmbauten.

So geht's

Stellen Sie ein Impuls-Bauwerk her: Vier Klammern auf die Spitze stellen, mit je zwei Klammern ein Löffelholz festklammern, ein weiteres Holz zwischen die Beine der Klammern stecken, sodass zwei Vierecke entstehen. Diese damit entstandenen Stützen können Sie nun durch quergelegte Löffelhölzer verbinden, um eine Art Haus- oder Tischkonstruktion zu erhalten, von der es sich prima weiterbauen lässt.

Tipp

Kommen noch Stäbchen (Zahnstocher) und „Räder" aus Schaumstoffscheiben (Poolnudel-Stücke) hinzu, können die Kinder alleine oder zu zweit nutzbare Fahrzeuge erfinden.

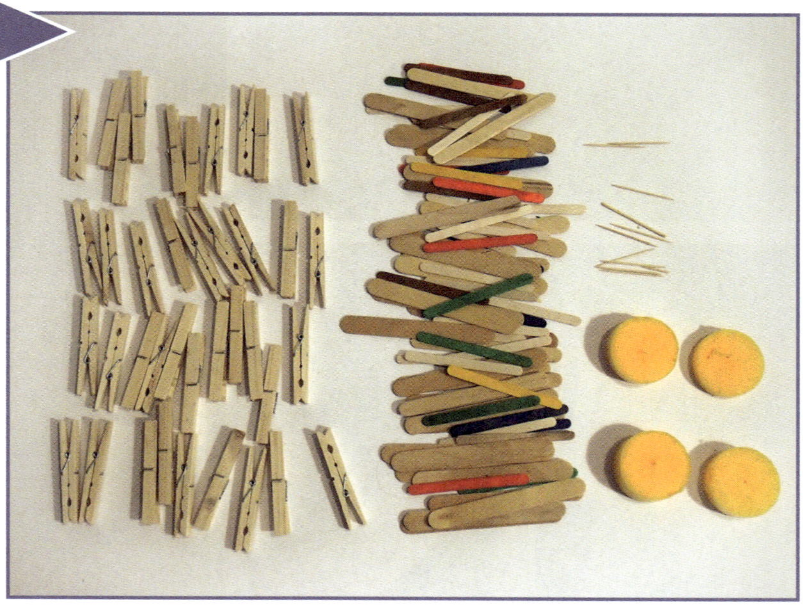

Verbinder

Bauen und konstruieren ohne die Universalhelfer Klebeband oder Klebstoff? Bei den Bau-Sets zum Verbinden ist das kein Zufall, sondern gehört zum Konzept: Die Kinder erfahren ganz unterschiedliche Wege, um Materialien in feste, manchmal trotzdem flexible Verbindung zu bringen. Oft geht es darum, an zwei Materialien Eigenschaften zu entdecken, die irgendwie zueinanderpassen. Dann kann man klemmen, stecken, klammern ... und immer neue Bau-Ideen umsetzen.

Schwammfetzen + Holzstab

► **Material:** 2 bis 3 10er-Putzschwamm-Packungen (bunt); 2 bis 5 größere Schaumstoff-Stücke; weitere Schwammstücke; 10 bis 20 Schaschlikstäbe; 1 Paket Zahnstocher; evtl. 1 Eierpappe, Schaumgummi- oder Styroporplatte

Fetziges Steckvergnügen

Schwämme oder Schwammstücke lassen sich hervorragend mit Zahnstochern verbinden. Auf diese Weise entstehen recht haltbare Figuren – mit unbehandelten Schwämmen sind das meist klotzförmige „Schwammköpfe". Damit das Spektrum der Möglichkeiten größer wird, lohnt es sich, die Schwämme vorab in unterschiedlichste Formen und Größen zu zerrupfen. Größere, zähe Schaumstoffstücke dazu mit der Schere am Rand mehrfach einschneiden.

So geht's

Schwammstücke, Zahnstocher und Schaschlikstäbe bereitstellen. Vorab eine einfache Figur zusammenstecken, damit auch jüngere Kinder das Prinzip verstehen. Und dann kann's losgehen. Evtl. Eierpappe, Schaumgummi- oder Styroporplatte bereitlegen; sie können als Baugrund dienen oder zum Feststecken fertiger Figuren.

Tipp

Bauen Sie ab und zu mit den Kindern waghalsige große Steck-Objekte, um die Möglichkeiten der Technik vorzuführen – zum Beispiel eine Brücke, einen Steck-Baum etc.

Strohhalm + Loch

▶ **Material:** 40 bis 50 „normale“ Strohhalme aus Plastik (5 mm Ø), 40 bis 50 Cocktail-Strohhalme aus Papier oder Plastik (8 mm Ø)
Für die Vorbereitung: Bürolocher, 1 Platte aus dicker Pappe (etwa 20 x 40 bis 30 x 50 cm), 6-mm-Bohrer; evtl. 6-mm-Holzdübel; evtl. Klebstoff, Lochstanzer

Gelocht und gesteckt!

Mit Strohhalmen – egal ob aus Plastik, Ökoplastik oder Pappe – lässt es sich hervorragend bauen. Sie lassen sich, leicht an der Spitze zusammengeknickt, ineinanderstecken. Eine viel interessantere Steckverbindung ergibt sich, wenn man in die dickeren Strohhalme Löcher macht, sodass die dünnen Strohhalme hindurchpassen. Mit einem Bürolocher ist das schnell und ohne großen Aufwand getan: Einfach die Abdeckung des Bürolochers entfernen, die Strohhalme wie ein zu lochendes Papier einstecken und genau in der Mitte mehrfach lochen. Bei Papierhalmen ist ein Lochstanzer die beste Wahl.

Tipp

Stellen Sie für stabile Bauwerke eine Bodenplatte her:
Variante 1: Viele Löcher in die Papp-Platte bohren, 6-mm-Holzdübel einstecken und festkleben. Dicke Strohhalme können nun auf die Dübel aufgesteckt werden.
Variante 2: Ist die Pappe dick genug, viele Löcher in Strohhalmdicke (8 mm) einbohren, in die die Halme direkt gesteckt werden können.

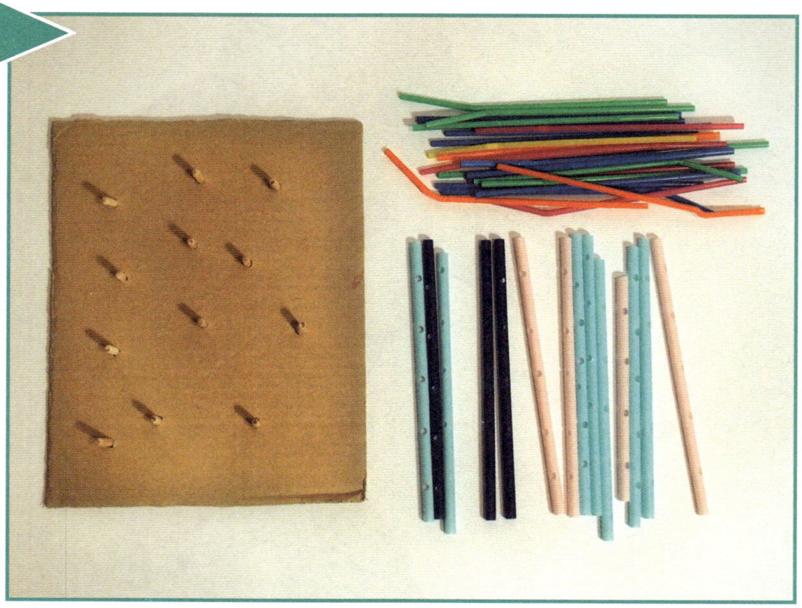

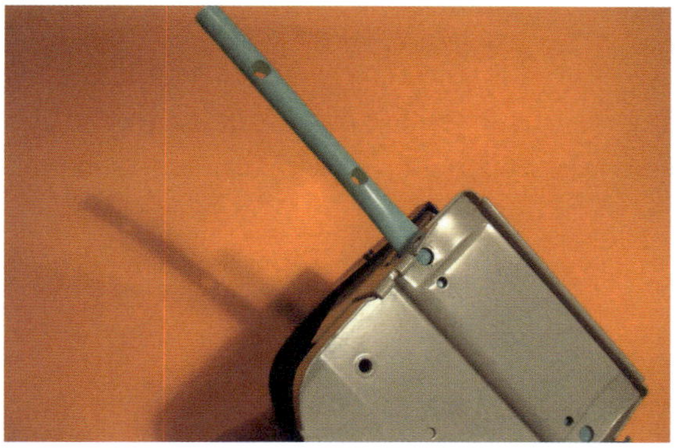

NYC

Strohhalm + Fliesenkreuz

▶ **Material:** 40 bis 50 „normale“ Knick-Strohhalme aus Plastik (5 mm Ø) oder gerade aus Papier (6mm Ø); 1 Tüte „Fliesenkreuze“ bzw. „Fliesenabstandshalter“ (5 mm für Papier-Halme, 4 mm für Plastik-Halme)
Für die Vorbereitung: evtl. Schere

So geht's

Knickstrohhalme bieten ein besonderes Schlürfvergnügen. In Verbindung mit sogenannten „Fliesenkreuzen“ aus dem Baumarkt, die eigentlich beim Fliesenlegen für die richtige Fugenbreite sorgen, lassen sie sich zu interessanten Gitterverbindungen verbauen.
Stellen Sie ein Beispielstück her. Bauen Sie anfangs mit, zeigen Sie dabei, welche zusätzlichen Möglichkeiten das Knicken der Strohhalme bringt.

Tipp

Testen Sie vorab, ob die Strohhalmgröße zu den Fliesenkreuzen passt: Einigermaßen leicht einzustecken sollten die Kreuze sein, andererseits nur schwer herausrutschen, damit die Gitterwerke stabil sind. Wechseln Sie notfalls die Strohhalmsorte – manche Halme sind kaum einen Millimeter dünner als andere – oder erwerben Sie zusätzlich Fliesenkreuze in 5 mm. Kürzen Sie einen Teil der Strohhalme mit der Schere, um Material für kleinere Konstruktionen zu erhalten.

Tetrapak + Strohhalm

▶ **Material:** 5 bis 10 Cocktail-Strohhalme aus Papier oder Plastik (8 mm Ø); ca. 5 leere Saft- oder Milch-Tetrapaks; evtl. weitere dünnwandige, leichte Materialien (Plastikflasche, Pappen, CDs, Joghurtbecher etc.)
Für die Vorbereitung: starke Schere oder Cutter

Gewitzt geklemmt!

Mit wenigen Scherenschnitten werden aus Strohhalmen Klemmen zum Stecken. Die Klemmen lassen sich auf dünnwandige Materialien, z. B. Tetrapaks, aufstecken, sodass diese leicht miteinander verbunden werden können.

Strohhalm-Klemmen: Die Strohhalme in Abschnitte schneiden: viele 5 cm lange Stücke, einige längere Stücke. Nun an beiden Seiten etwa 1,5 cm lange Schlitze in die Enden hineinschneiden. Dazu den Strohhalm quetschen und mit der Schere einschneiden. Zusätzlich den Strohhalm an einer der beiden Schnittkanten schräg einschneiden, damit das Aufstecken der Halme leichter geht.

Tetrapak-Formen: Die Tetrapaks zerschneiden. Längsschnitte ergeben „Schiffskörper", Querschnitte eher die Form von Häusern. Zum Bauen werden Teile mit Winkeln benötigt, aber auch flache „Platten".

So geht's

Tetrapak-Hälfte auf den Tisch legen, Strohhalmstecker aufstecken, weitere Tetrapak-Scheiben aufstecken, gegebenenfalls auch waagerechte Steckverbindungen schaffen …

100%
Apfelsaft

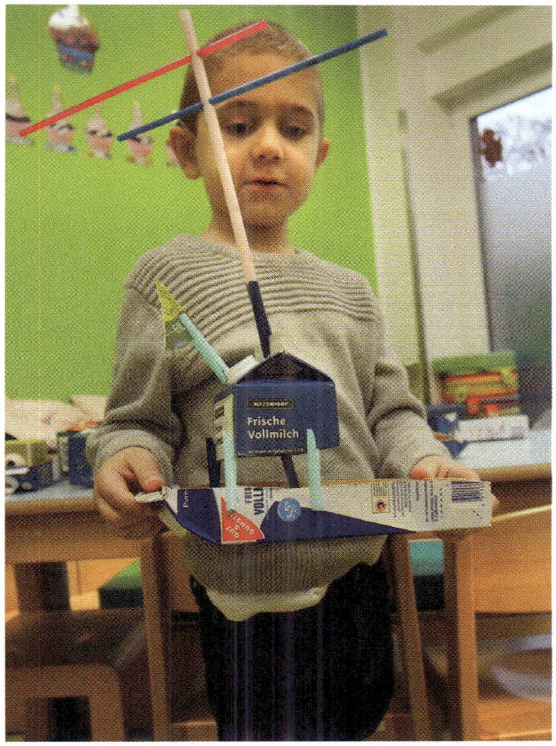
Frische
Vollmilch

MIT BIO

Ast + Holzdübel

► **Material:** 10 bis 20 trockene Aststücke (Ø 2 bis 4 cm, etwa 50–100 cm lang), 1 Tüte Holzdübel

Für die Vorbereitung: Säge, Akkubohrer oder Bohrmaschine mit Holzbohrer (Durchmesser = Größe der Holzdübel), evtl. Bohrständer oder Schraubzwinge oder Werkbank, Schmirgelpapier

Ast passt auf Ast!

Mal krumm, mal gerade: Aststücke sind ein spannendes Gratis-Baumaterial, das Kinder ohnehin nach manchem Waldspaziergang anschleppen. Mit ein wenig Bohrmaschineneinsatz und Holzdübeln entsteht ein ziemlich universelles Set für kühne Konstruktionen.

Aststücke: Die Aststücke in etwa 30 cm lange Stücke sägen, auch die Enden glätten. Die Holzstücke einspannen (Bohrständer, Schraubzwinge oder Werkbank) und mit einem Holzbohrer in der Dicke der Dübel an den Enden und an mehreren Punkten an der Seite der Aststücke etwa 1 cm tiefe Löcher bohren. Testen Sie, ob die Holzdübel sich dort hineinstecken und wieder herausziehen lassen. Wenn nicht, etwas nachbohren.

So geht's

Aststücke und Holzdübel in einer Schale auf dem Tisch bereitstellen. Mithilfe eines Holzdübels zwei Aststücke zusammenstecken, um den Kindern das Prinzip zu veranschaulichen. Bieten Sie Unterstützung an, falls sich Holzdübel nicht herausziehen lassen.

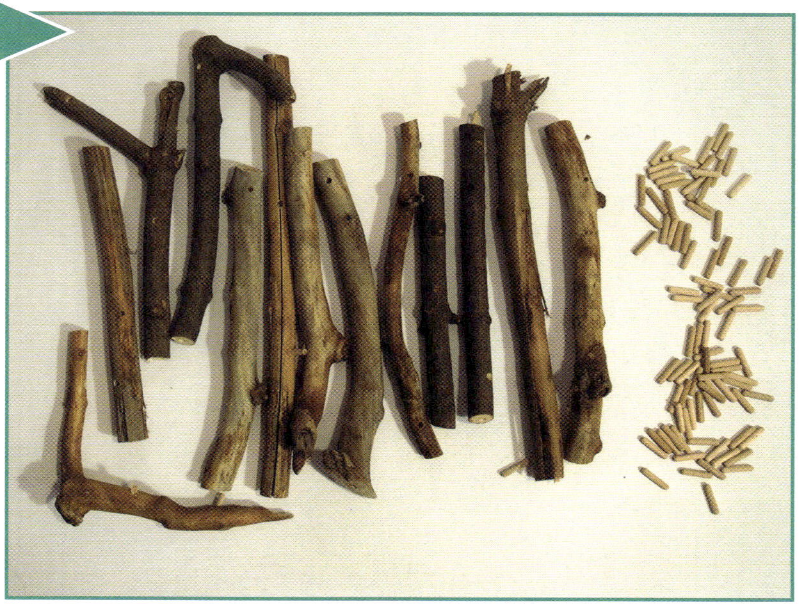

Pappplatten + Schlitz

▶ **Material:** Pappplatten aus 2 bis 3 festen Pappkartons (z. B. Umzugskartons, stabile Versandkartons), 10 Pappröhren, 20 Bierfilze
Für die Vorbereitung: starke Schere, Cutter oder Teppichmesser

Geschlitzt und zugesteckt!

Pappe ist biegsam, leicht und in einer Welt voller Online-Bestellungen schnell gratis zu erhalten. Um mit Pappstücken konstruieren zu können, brauchen diese nur eine kleine Modifikation: kleine Einschnitte. So werden aus den Pappstücken Steck-Bauteile.

Pappplatten: Die Pappkartons mit dem Cutter erst in Streifen (ca. 15 cm breit), diese dann in Rechtecke und / oder Quadrate schneiden (15–30 cm lang). Die Pappstücke an den Rändern V-förmig einschneiden, etwa 5 cm tief, schmal zulaufend, oben etwa 1 cm breit; jeweils zwei Einschnitte an den einander gegenüberliegenden Rändern machen, mal die längere, mal die kürzere Seite wählen.

Pappröhren: Jeweils zwei V-förmige Einschnitte an den Enden der Röhren anbringen.

Bierfilze: Hier vier bis sechs kürzere Einschnitte machen.

So geht's

Ein einfaches Bauwerk entsteht aus zwei parallel aufgestellten Pappen, die durch zwei quer eingesteckte Pappen stabil werden. Weitere Pappen oder Röhren anstecken, und das Ganze wirkt schon ein wenig futuristisch ...

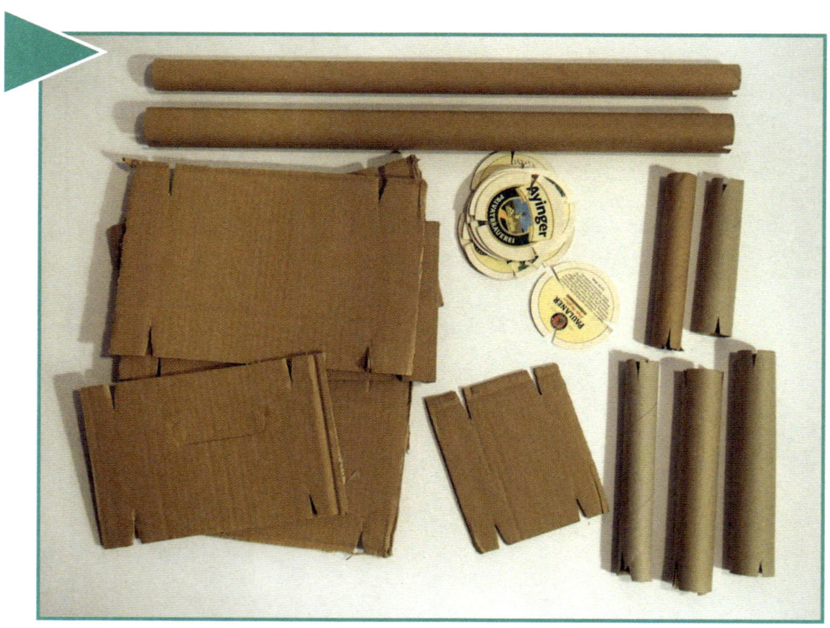

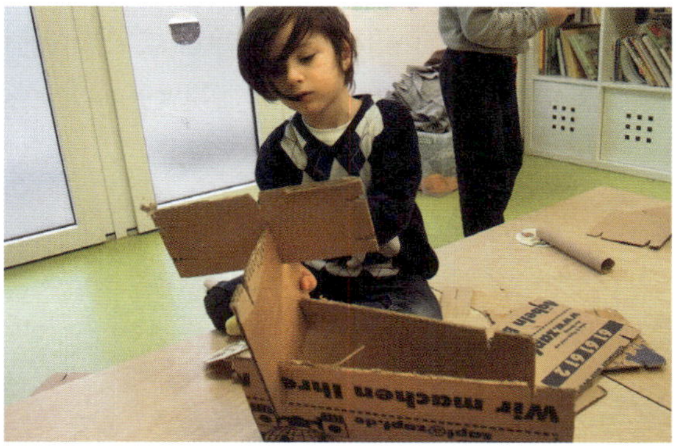

Wir machen Ihre

Pappplatten + Schaschlikspieß

► **Material:** Pappplattenstücke (von 2 bis 3 großen Kartons), 1 Paket Schaschlikstäbe, evtl. 1 dünner Kastanienbohrer
Für die Vorbereitung: 1 Cutter

Die perfekte Wellpappe

Stabile Kartonagen haben innen eine Schicht Wellpappe. In deren Wellen passen Schaschlikstäbe hervorragend – ideal zum Stecken! Weil sich Pappe gut lochen lässt, kann man zusätzlich Spieße durch die Pappwände ein- *und* durchstecken. Da können wilde Türme wachsen.

Pappplatten: Kartons quer zur Wellenrichtung in mehrere gleich breite Streifen schneiden und diese zu Platten zerschneiden. Zusätzlich ein paar Pappen in kleineren Formaten zurechtschneiden.

So geht's

Einen Schaschlikspieß bis zu dessen Mitte in eine „Röhre" in der Pappe stecken und auf eine andere Pappe aufstecken. Löcher mit dem Kastanienbohrer in die Wände stechen – und andere Pappen quer einstecken.

Erinnern Sie die Kinder daran, beim Bohren mit dem Kastanienbohrer darauf zu achten, was dahinter/darunter ist. Eventuell selbst Löcher in großer Zahl vor der Benutzung durch die Kinder vorbohren!

Bundesweit
eine Nummer:

umzüge

Karton + Gipsdübel

► **Material:** Mindestens 1 großer Karton, 20 kleinere Papp- oder Schuhkartons, kurze Schlitz-Schraubenzieher (auch aus Plastik), 50 Gipskartondübel (aus dem Baumarkt)

Keine Ruhe im Karton!

Statt Kisten aufeinander zu stapeln oder zu verkleben, werden sie bei diesem Materialset verschraubt. Die dazu verwendeten Gipskartondübel haben zwei unschlagbare Vorteile: Sie erlauben „coolen" Werkzeuggebrauch, sind aber dennoch kinderleicht und superschnell eingeschraubt.

So geht's

Zeigen Sie den Kindern, wie sie am großen „Grundkarton" kleinere Kisten anschrauben können: Erst mit dem Schraubenzieher ein Loch in den großen Karton stechen, dann in den kleineren, der angefügt werden soll. Nun Dübel durch beide Löcher stecken, an die richtige Schraubrichtung erinnern und mit dem Schraubenzieher so fest wie möglich anschrauben. Problemlos lassen sich die Dübel nach dem Spiel herausschrauben und wiederverwenden.

Achtung

Weisen Sie die Kinder darauf hin, dass Löcher nur dann in große Kartons gestochen werden dürfen, wenn niemand drinnen sitzt. Evtl. vorab viele Löcher in alle zu verbauenden Kartons stechen oder bohren (mit einem dicken Kastanienbohrer).

Strohhalm + Pfeifenputzer

► **Material:** 30 bis 50 bunte Strohhalme, 5 bis 10 bunte Schwämme oder Schaumstoffstücke, 20 bis 30 Pfeifenputzer
Für die Vorbereitung: Schere

Biegen und bauen ...

Sie sind biegsam und bunt – „Pfeifenputzer" als Bastelmaterial kennt jeder. Zum Bauen kommen sie hier zum Einsatz, weil sie sich wunderbar zum Auffädeln eignen. In Kombination mit Strohhalm- und Schwammstücken können stabile Konstruktionen oder Figuren entstehen.
Strohhalme: Die Halme in viele Stücke von ganz unterschiedlicher Länge zerschneiden.
Schwämme: Die Schwämme zerschneiden oder zerrupfen, schön unregelmäßig.

So geht's

Auf den Pfeifenputzer lassen sich im bunten Wechsel Strohhalmstücke aufstecken, die auch zu geometrischen Figuren verbunden werden können. Da, wo ein Strohhalmstück endet und das nächste beginnt, können die Kinder auch neue Pfeifenputzer herumwinden und ebenfalls mit Strohhalmen bestücken, sodass Kreuzungen entstehen. Und mit etwas Geduld gelingt es auch, den Pfeifenputzer durch die Schwammstücke zu stecken, um diese als Körper zu nutzen.

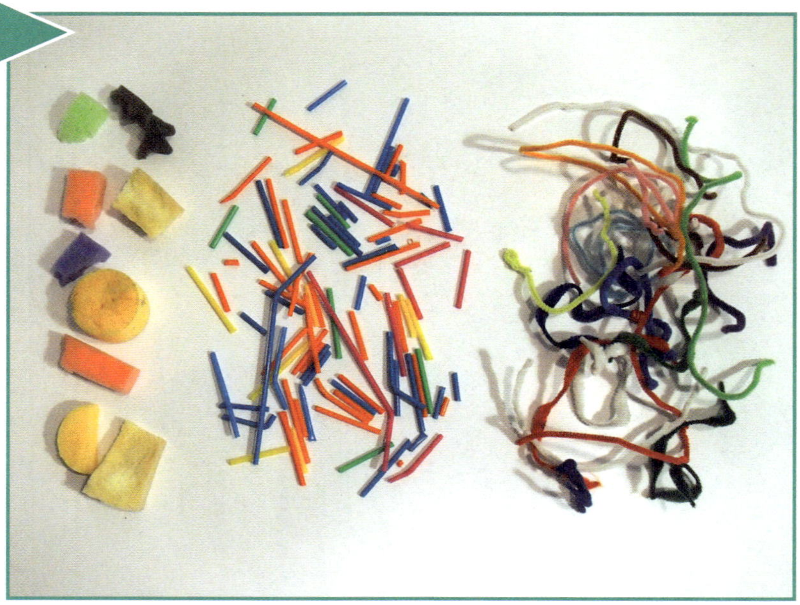

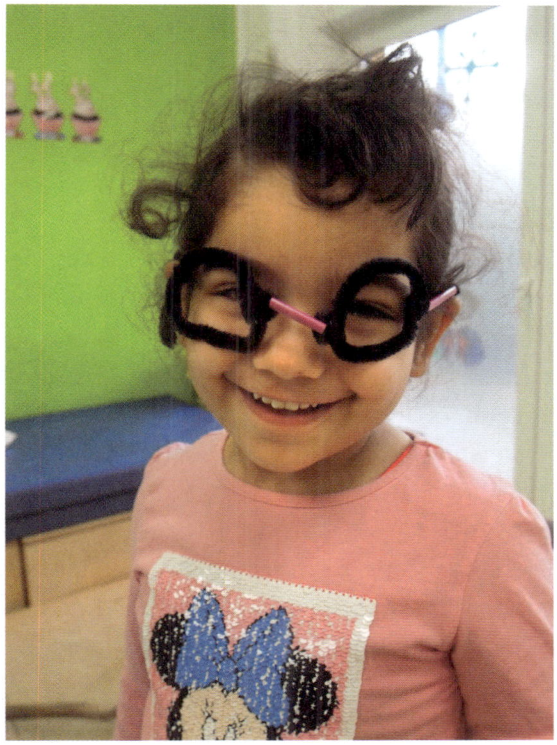

Lockenwickler + Kunstrasen

▶ **Material:** 1 Stück Kunstrasen (ca. 50 x 100 cm, vom Baumarkt oder Teppichgeschäft); 25 bis 50 Lockenwickler in verschiedenen Farben, Größen, Formen

Bleibt haften!

Zwei, die so gut zusammenpassen, dass sie sich nach der ersten Berührung kaum voneinander trennen können: Lockenwickler haften wie Klettverschlüsse auf Kunstrasenstücken – faszinierend! Gut, dass es die Wickler noch dazu in vielen bunten Farben und Formen gibt.
Kunstrasen: Natürlich können die Kinder das Mini-Rasenstück zum Spielen jeweils ausrollen. Besonders einladend aber ist ein dauerhaft im Raum / der Bauecke an der Wand befestigtes Rasenstück, das zu immer neuen Haft-Aktionen einlädt.

So geht's

Die Kinder finden schnell heraus, wie gut die Lockenwickler an der Kunstrasenwand haften, sogar wenn man sie dranwirft. Sie haften manchmal auch an den Klamotten. Kleiner Nebenweg, um Adhäsionskräfte auszuprobieren. Jedenfalls entstehen auf dem Rasen aus verschiedenen Wicklern Figuren, Muster oder andere Konstruktionen.

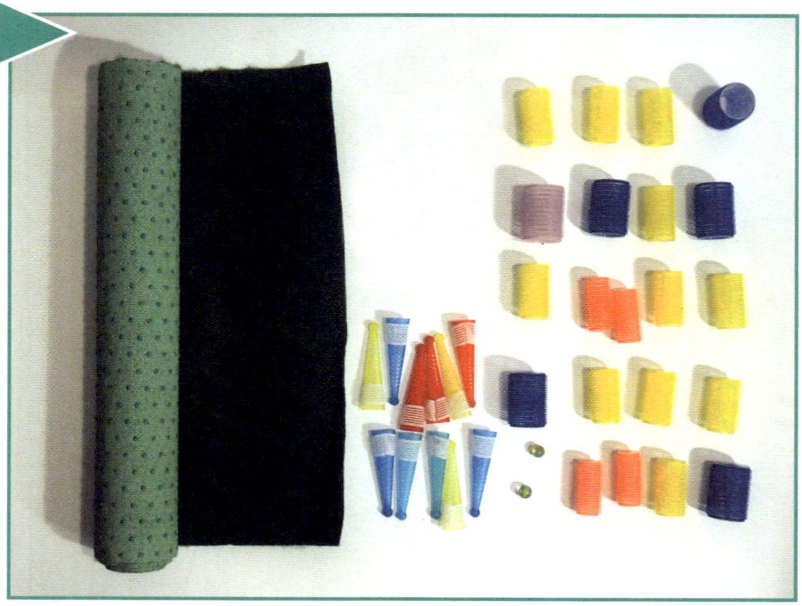

Shiny
Stars

Shiny
Stars

Abflussrohr + Murmel

▶ **Material:** HT-Rohre (40 mm Ø) in folgenden Längen und Formen: 5 gerade Rohre (100 cm), 3 gerade Rohre (25 cm), 4 Kurvenrohre , 2-Rohrabzweige, evtl. weitere Rohr-Formen, Murmeln, kleine Bälle, kleine Autos,
Für die Vorbereitung: evtl. Vaseline

Stecken, rollen, flüstern ...

Graue Abflussrohre, auch HT-Rohre genannt, mit gleichem Radius, lassen sich gut ineinanderstecken, ohne dass sie gleich wieder auseinanderrutschen – ein Gummiring verhindert das. Es gibt unterschiedlichste Bauformen: vom geraden Rohr über Kurven mit verschiedenen Radien bis zu Verzweigungen und Rohr-Kreuzen.
Mit mäßigem Druck lassen sich die Rohre ineinanderstecken. Fällt das Kindern schwer, etwas Vaseline auf die Gummidichtung im dicken Rohrende auftragen. Es ist auch möglich, die Dichtungen herauszunehmen, aber dann rutschen die Rohre leicht auseinander.

So geht's

Zeigen Sie den Kindern, wie man die Rohre gut ineinandersteckt, indem man beim Stecken mit dem Rohr ein wenig herumruckelt. Nach kurzer Zeit gelingt das Stecken aber den meisten Kindern gut.
Durch schief hingelegte Rohrverbindungen lassen sich Bälle, Murmeln und andere Dinge hindurchrollen, sie funktionieren aber auch prima als „Flüsterrohr".

NYC

Stab + Fahrradschlauch

▶ **Material:** 1 bis 2 Fahrradschläuche (gebraucht, auch mit Löchern), 20 bis 40 Bambusstäbe, Rundhölzer, Zweige oder rechteckige Holzstäbe mit etwa 7 bis 12 mm Ø und 30–50 cm Länge
Für die Vorbereitung: 1 Bürolocher, 1 Schere

Stabil mit Stab!

Stöcke – Mitbringsel aus dem Wald, aber auch gekaufte Pflanzstäbe aus Bambus – sind ein naheliegendes Baumaterial. Mit Fahrradschlauchverbindungen entstehen eindrucksvolle Stab-Konstruktionen.

Schlauchverbindungen: Einen Fahrradschlauch mit einer Schere in lange, etwa 1,5 bis 2 cm breite Streifen schneiden. Diese Streifen werden nun mit einem Bürolocher gelocht; es sollte jeweils eine Lochreihe mit einem Abstand von etwa 1 bis 1,5 cm entstehen. Die langen Lochstreifen in Abschnitte mit 3, mal 4, mal 5 Löchern zerschneiden. Wahlweise können Sie auch quadratische Schlauchstücke mit ungefähr 3 x 3 cm Größe herstellen und diese rundum lochen. Wer mag, kann die Streifen abrunden.

So geht's

Bauen Sie als Beispielkonstruktion eine dreiseitige Pyramide, für die Sie jeweils drei Stäbe durch die Löcher im Schlauchstück stecken. Schnell verstehen die Kinder das Prinzip und bauen selbst: Zelte, Drachen, Hauskonstruktionen …

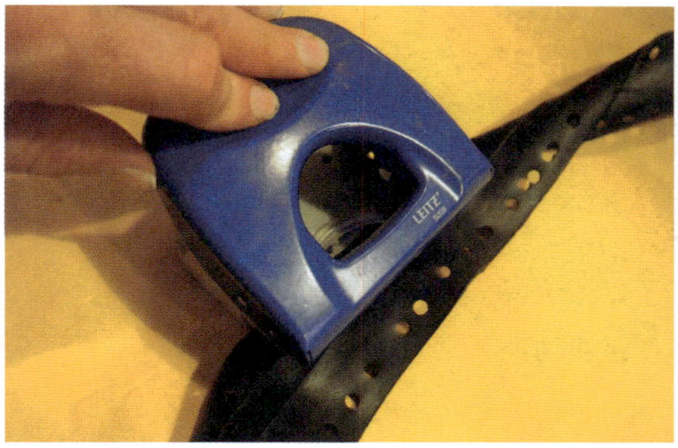

Spieler

Gerade für ältere Kinder ist das Bauen selten Selbstzweck, sondern dient meistens der Herstellung bespielbarer Dinge. Der Lernwert dieses Prozesses kann nicht hoch genug geschätzt werden: Wissen, was man spielen könnte – und aus diesem Vorhaben ein nutzbares Produkt erfinden.

Bei den Bau-Sets in diesem Kapitel hat das Spielen ein besonderes Gewicht, etwa wenn – aufgrund der angebotenen Materialien nicht zufällig – Autos oder Zeltkonstruktionen entstehen. Weil aber die entstehenden Dinge alles andere als perfekt sind, geht das Bauen an ihnen während des Spiels immer wieder los: „Learning by doing"!

Poolnudel-Auto

▶ **Material:** 1 Poolnudel, 1 Packung Schaschlikspieße, 1 Packung Putzschwämme oder andere längliche Schwamm-/Schaumstoffstücke, 2 Eierkartons, evtl. Plastik-Verpackungsteile (Quark, Eis, Margarine etc.), Zahnstocher, Strohhalme
Für die Vorbereitung: Schere, Tomatenmesser

Poolnudel + Spieß + Schwamm

Mithilfe der Steck-Technik lässt sich ein Fahrzeug ganz ohne Kleber herstellen. Wichtigstes Baumaterial ist dabei die Poolnudel, die zerschnitten zu ultraleichtern Rädern wird.
Poolnudel: Mit einem Tomatenmesser oder Cutter in etwa 2 cm breite Streifen schneiden
Strohhalme: Mit „Achshülsen" rollen zukünftige Fahrzeuge besser. Dazu einfach Strohhalme mit der Schere halbieren.

So geht's

Das erste Auto ist schnell gebaut: Einen Schaschlikstab möglichst genau durch die Mitte zweier Radscheiben stecken – fertig ist die erste, bald auch die zweite Achse. Als „Chassis" einen Schwamm über beide Achsen legen, dann lässt sich das Fahrzeug schon rollen. Damit dabei die Achsen nicht wegrutschen, entweder eine „Wegrollsperre" aus einigen Zahnstochern anbringen – siehe Foto – oder einen Fahrzeugkörper mit Einbuchtungen an der richtigen Stelle nutzen, etwa eine Eierpappe.

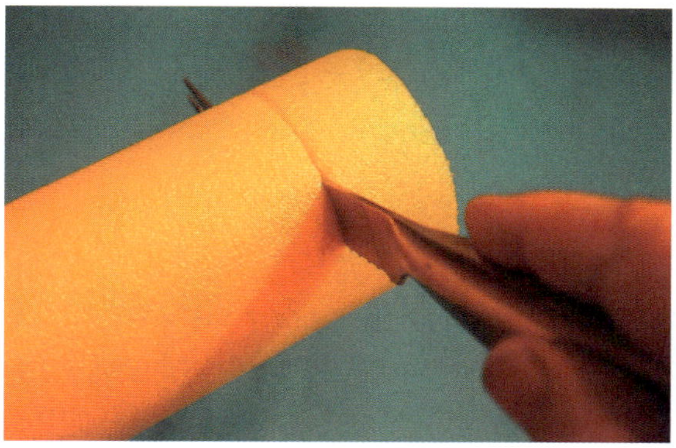

Athl
1993

Athl
1993

Plattenbau-Fertighäuser

► **Material:** 1 bis 2 Kapaplatten, gebraucht; 1 Packung Zahnstocher; Kastanienbohrer, fein
Für die Vorbereitung: Cutter, Schneideunterlage

Kapaplatte + Zahnstocher

Kapaplatte sind mit festem Papier beklebte Schaumstoffplatten, die vor allem als Werbemittel verwendet werden. Sie sind preiswert zu beschaffen und haben wunderbare Bau-Eigenschaften: Ganz leicht kann man Löcher hineinpieken, um mittels Zahnstocher andere Stücke anzubauen.

Kapaplatte: Gleich breite, ca. 10 bis 15 cm breite Streifen abschneiden; aus einem Teil der Streifen Quadrate und Rechtecke schneiden, einen anderen Streifen zu Dreiecken schneiden, einen weiteren in kleine Rechtecke (ca. 5 x 10 cm). Eine oder mehrere größere Platten (ca. 30 x 40 cm) nicht zerschneiden, sie können als Grundplatte genutzt werden.

So geht's

Mit dem Kastanienbohrer ganz feine Löcher in die Papierseite der Platte stechen. In zwei solcher Löcher Zahnstocher einstecken und auf diese eine Kapaplatte seitlich aufstecken – eine erste Wand steht aufrecht!

Tic

Spießige Kugelbahn

▶ **Material:** 4 Rohrisolierungen mit mindestens 2 cm Innendurchmesser, 1 Packung Schaschlikstäbe, 1 Packung Zahnstocher, 10 Murmeln in unterschiedlichen Durchmessern
Für die Vorbereitung: Cutter oder Tomatenmesser

Isolierrohr + Schaschlikspieß + Murmel

Steckt man eine kleine Kugel in ein Rohrisolierungsrohr auf der einen Seite hinein, rollt sie bis zur anderen Seite durch. Um diesen hübschen Effekt sichtbar zu machen, halbieren Sie einfach drei der Rohrisolierungen längs mit geriffeltem Tomatenmesser oder Cutter, um so sechs offene, hervorragend biegbare Bahnen zu erhalten.
Zusätzlich das vierte Rohr in mehrere 10 bis 40 cm lange Stücke abschneiden – daraus entstehen Stützen!

So geht's

Zahnstocher, Schaschlikstäbe und Murmeln in jeweils passenden Gefäßen bereitlegen.
Eine einfache Bahn aus einem Halbrohr und einer Stütze aus einem Rohrstück – befestigt mit Zahnstocher – herstellen. Die Murmel rollen lassen. Mithilfe von Zahnstochern weitere Halbrohre anstecken – und die Bahn verändern. Vielleicht können auch Tunnel, Kurven oder längere Hochbahnstücke eingebaut werden.

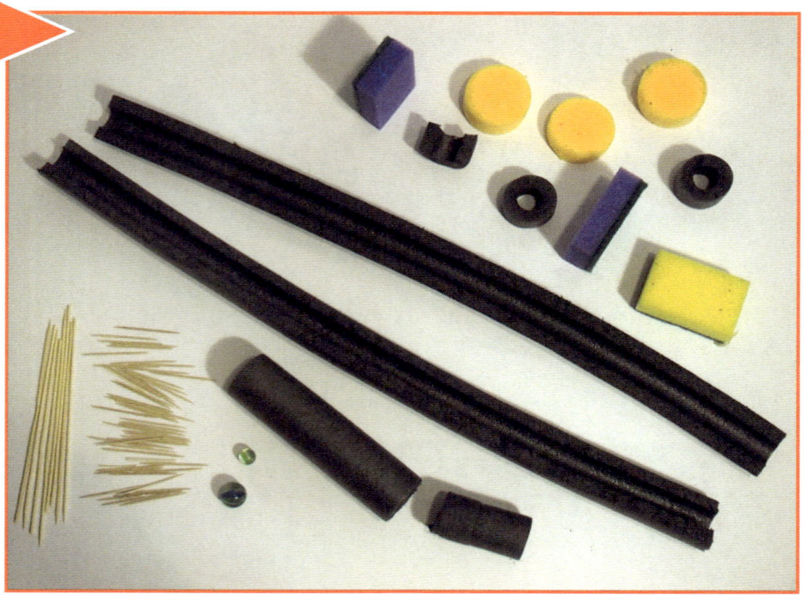

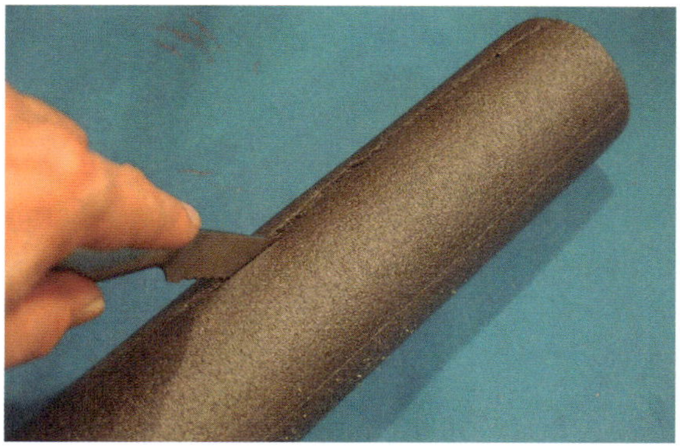

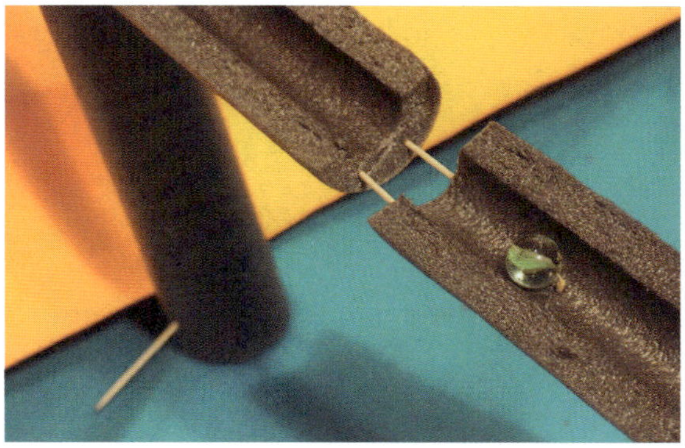

Krempel-Fantasie-Maschine

▶ **Material:** 15 ausgebaute oder gesammelte Technik-Teile; 2 Faserform-Verpackungen (Umverpackungen für technische Geräte aus dem gleichen Material wie Eierkartons); 30 dünne Holzschrauben mit Kreuzschlitzkopf, 1 bis 3 cm lang; 2 Schraubendreher; evtl. weitere Papp-Bauteile, z. B. Garnspulen, feste Pappröhren, Eierstiegen

Technik-Teile + Papp-Verpackung + Schrauben

Sammeln Sie ausgebaute Teile von Elektrogeräten, die Lochungen haben. Oder nehmen Sie – mit oder ohne Kinder – mithilfe eines Kreuzschraubenziehers ein Elektrogerät wie Drucker, CD-Player, Telefon auseinander. Die Teile ggf. reinigen. Testen Sie aus, ob die gewählten Schrauben durch die Lochungen der ausgebauten Teile passen.

So geht's

Führen Sie den Kindern vor, wie leicht sich Schrauben durch die Lochungen der ausgebauten Teile in das Papp-Material des Formteils schrauben lassen. Erinnern Sie die Kinder an den sicheren Umgang mit Schraubendrehern (niemanden pieken). Und dann kann gebaut werden: eine Fantasie-Maschine, ein Raumschiff …

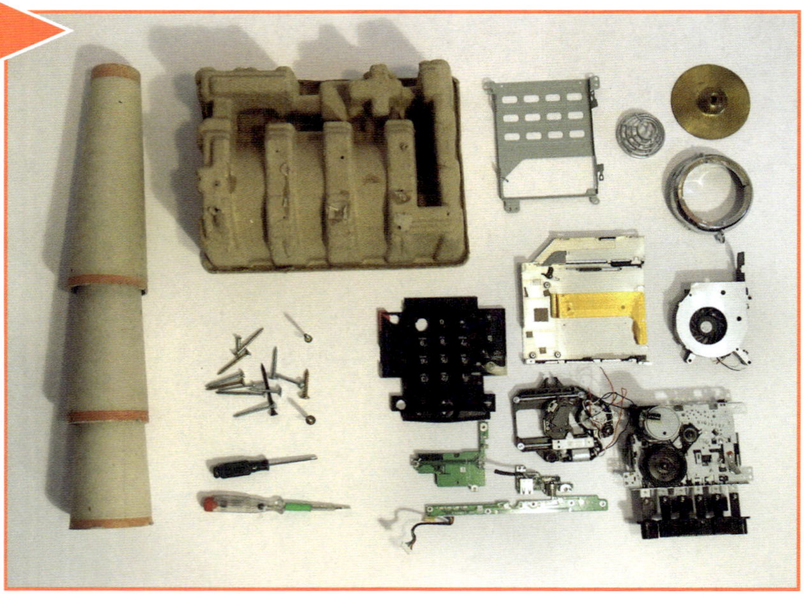

Natur
Mikroskop

Knickwunder-Zauberstab

► **Material:** 2 Rohrisolierungen; 1 lange, feste Schnur
Für die Vorbereitung: Schere, Obstmesser oder Cutter

Isolierrohr + Schnur

Mal lang und gerade, mal zickzack, mal zum Kreis gewunden: Das hier vorgestellte Biege-Rohr verändert seine Form ständig, was Kinder zum ausdauernden Spielen herausfordern kann. Dabei ist sein Aufbau und seine Herstellung äußerst simpel.
Die Rohrisolierungen in verschieden lange Abschnitte zerschneiden (10 cm, 20 cm, 30 cm). Jeweils an den Enden der Stücke 2 cm tiefe, etwa 4 mm breite Schlitze einschneiden, genau gegenüberliegend.
Nun eine feste Schnur durch alle Rohr-Teile führen, diese an beiden Enden durch die letzten Rohr-Schlitze führen und verknoten. Die Schnur sollte jetzt leicht gespannt sein. Wenn man das Rohr knickt, rutscht die Schnur nun an dieser Stelle in den Schlitz, und das Rohr bleibt geknickt, weil die Schnur auch jetzt gespannt ist. Es ist also möglich, das Rohr in jede Form zu knicken.

So geht's

Das Knick-Rohr regt zum Experimentieren an. Verschiedenste Bau-Ideen lassen sich realisieren: ob „Säge“, Murmelrohr oder Schwert ...

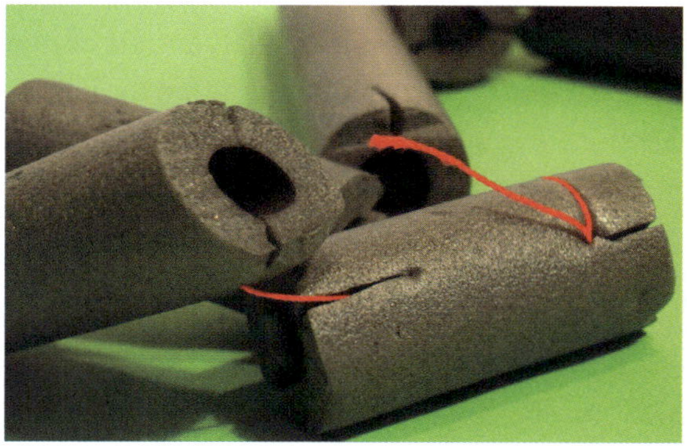

Mobile Innenzelte

► **Material:** 6 Saugnäpfe, ca. 10 bis 12 Meter Seil / feste Schnur, großes leichtes Tuch oder Rettungsfolie, 10 bis 20 Wäscheklammern

Saugnapf + Schnur + Tuch

Eine für Kinder spannende Form der Befestigung ist der Saugnapf: An glatten Oberflächen kann man damit ohne Kleben, Nageln oder Schrauben Dinge befestigen. Kommen Schnüre und Tuch hinzu, regt dieses Bau-Set zum Bau raumfüllender Zeltkonstruktionen an, die nach dem Spiel ebenso flott wieder verschwinden.

Überblicken Sie im Raum, welche ungefähren Entfernungen es zwischen Plätzen, an denen man Saugnäpfe anbringen kann, gibt. Teilen Sie die Schnur in entsprechend lange drei Teile, knoten Sie an die beiden Enden jeder der drei Schnüre je einen Saugnapf an. Rollen Sie die Schnüre einzeln auf, damit sie sich nicht allzu sehr verheddern.

So geht's

Führen Sie den Kindern kurz vor, wie sich die Saugnäpfe an allen glatten Stellen im Raum (Tür, Fenster, Schränke) befestigen lassen und damit Seile durch den ganzen Raum gespannt werden können, die sich natürlich auch kreuzen können. Werfen Sie probeweise das Tuch darüber, verweisen Sie auf die Funktion der Wäscheklammern zum Befestigen des Tuchs und lassen Sie dem Bau-Spiel der Kinder seinen Lauf.

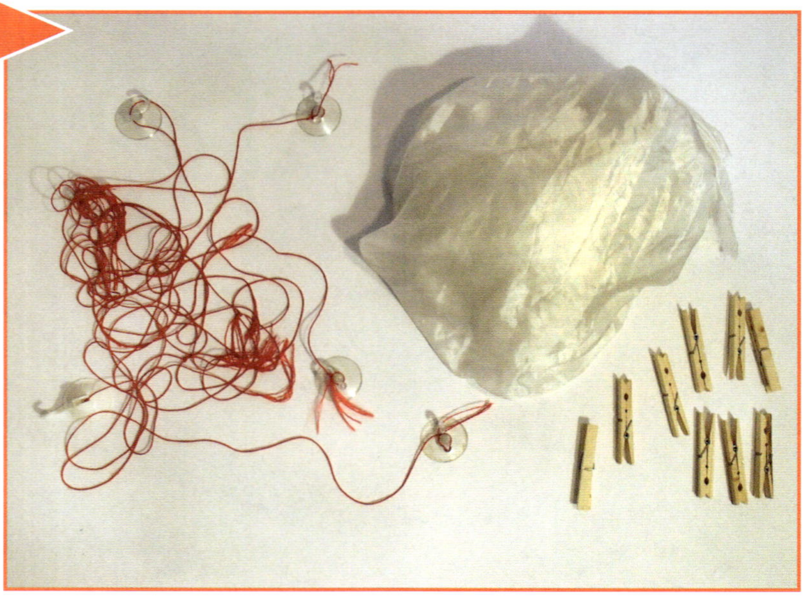

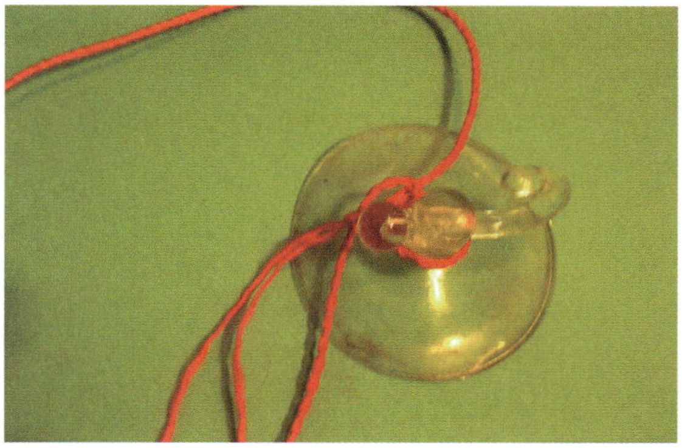

Kapaplatten-Flipper

► **Material:** Je Spiel 1 Kapaplatte in DIN-A4-Größe, 30 dünne Nägel oder Zahnstocher, evtl. 1 kleines Hämmerchen, 20 Gummibänder, 1 oder 2 Murmeln je Spiel

Kapaplatte + Nagel + Gummiband

Drei Dinge braucht es, um einen coolen Flipper zu bauen: In eine Kapaplatte nageln oder stecken die Kinder Paare aus zwei Nägeln oder Zahnstochern, spannen darüber ein Gummi – und die Kugel flutscht los.

Dazu pro Spiel eine Kapaplatte in der passenden Größe zurechtschneiden. Werden statt Nägeln Zahnstocher verwendet (spart Lärm und schont die Tische!), dann schneiden Sie vorher eine der beiden Spitzen ab und legen Sie einen Nagel zum „Pieken" bereit, denn in vorgebohrte Löcher lassen sich die Stocher leicht einstecken.

So geht's

In jede der vier Ecken der Grundfläche Zahnstocher stecken oder nageln. Diese vier Stäbe werden nun mit Gummibändern verbunden – notfalls, wenn die dadurch entstehende Spannung am Gummi zu groß wird, noch ein Stäbchen dazwischen nageln. Sind die Gummis in der passenden Höhe, kann eine Murmel jetzt von „Reling" zu „Reling" flutschen. Spannend wird's mit dazwischen eingebauten „Barrikaden": zwei Nägel, Gummi dazwischen. Die Kinder experimentieren, bauen, spielen ...

0,401 / Euro 4,00
0,331 / Euro 4,00
Euro 7,00

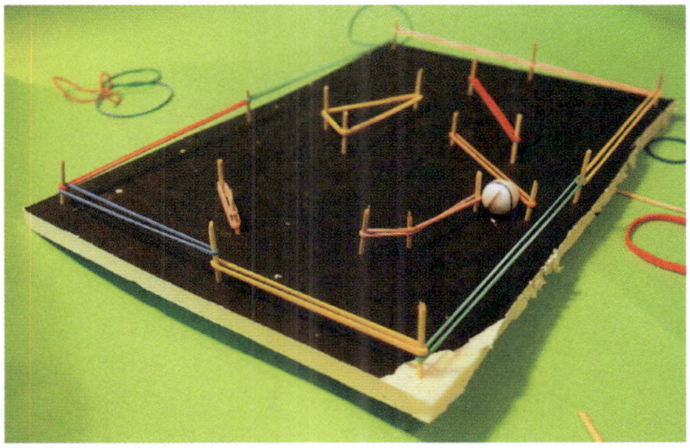

0,331 / Euro 3,00
0,401 / Euro 4,00
0,331 / Euro 4,00

Pappmaschee-Klimperkasten

► **Material:** 1 Faserform-Verpackung aus Pappmaschee; 2 verschieden große Plastikdosen mit rechteckiger Grundform; 1 bis 2 Blechdosen mit rechteckiger Grundform; 1 fester, kleiner Pappkarton; 30 Gummibänder in unterschiedlichen Längen; 15 Schaschlikspieße

Kästchen + Gummiband + Spieß

Werden Gummibänder über einen Pappkarton, eine Blechdose oder einen Plastikbehälter gespannt und man zupft daran, ertönt – Musik! Bei diesem Bau-Set können die Kinder mit Klang experimentieren – und je nach Ausdauer durchaus kleine Melodien erzeugen.

So geht's

Ein oder mehrere Gummibänder über ein Behältnis ziehen und daran zupfen. Es entstehen Klänge. Dieser Klang kann verstärkt werden, wenn man zwei Schaschlikspieße an den Rändern des Behältnisses unter die Gummis schiebt. Wird die Spannung der Gummis durch Ziehen verändert, verändert sich die Tonhöhe.

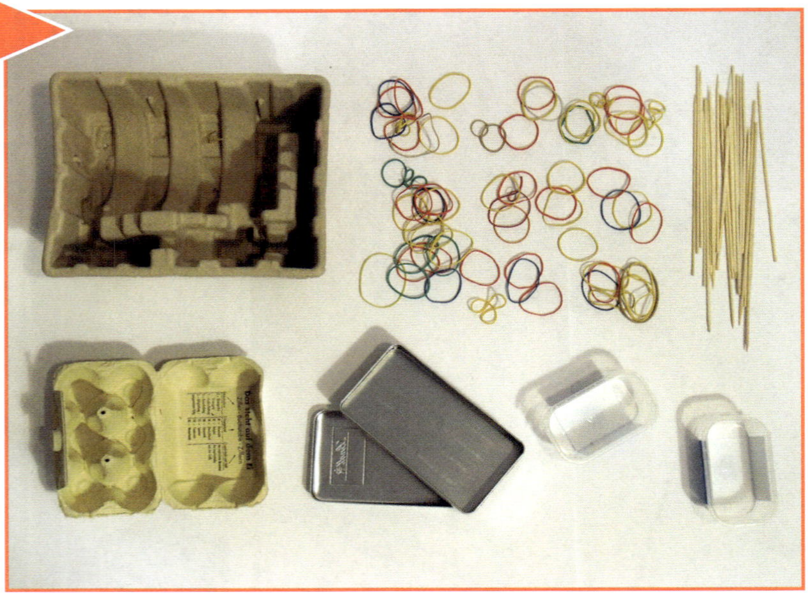

Glossar: Materialquellen

Aststücke: Im Wald, Garten, Park sammeln oder beim Gartenbaubetrieb erfragen, gerade zur Gehöz-Schnitt-Zeit.

Bambusstäbe: Preisgünstig im Gartencenter als Pflanzstäbe zu erhalten. Tipp: Längere Stäbe kaufen und zusägen ist günstiger als der Kauf kurzer Stäbe.

Bierfilze, rund: Im Getränkecenter erfragen, mit Suchwort „Bierdeckel Rohlinge" im Netz ersurfen oder (meist teuer) im Hobby-Laden kaufen.

CDs: Sammeln, von Eltern erbitten oder bei Online-Auktionshaus preiswert in großen Mengen kaufen.

Eierkartons in Plattenform: Entweder im Supermarkt / beim Bauern erfragen (aus Hygienegründen nur unbenutzte!) oder über Suchwort „Eierpappen" im Netz im Großgebinde sehr preiswert bestellen

Fahrradschläuche: Beim Fahrradladen erfragen, sich bei Schlauchwechsel beiseitelegen lassen und gratis mitnehmen

Faserform-Verpackungen: Fallen an, wo Elektrogeräte ausgepackt werden. Beim Elektroladen beiseitelegen lassen, Eltern befragen

Fliesenkreuze bzw. Fliesenabstandshalter in 4 mm: Gibt's im Baumarkt oder per Suchwort „Fliesenkreuz 4 mm" im Netz

Gipskartondübel: Per Suchwort „Gipskartondübel Kunststoff" im Netz ersurfen oder (teuer) in jedem Baumarkt kaufen

Gummibänder: Im Haushaltswarenladen („1-Euro"), Supermarkt, Schreibwarenladen

Holzdübel: Im Baumarkt, billiger in großen Tüten

HT-Rohre (50 mm Ø): Im Baumarkt, Sanitärabteilung; bisweilen deutlich preiswerter im Netz (Suchwort: HT-Rohr 50 mm)

Kantenschutzwinkel aus Pappe: gesammelt, vom Verpackungsmaterial-Versand bestellt (Suchwort: „Kantenschutzwinkel Pappe") oder bei Transportunternehmen erfragen

Kapaplatten, auch „Leichtschaumplatten" genannt: Im Künstler-/Bastelbedarf oder gut sortierten Baumärkten kaufen, alternativ beim Einrahm-Laden, Werbeagenturen oder Messen nach Gratis-Resten fragen.

Kunstrasen: (vielleicht 50 x 100 cm), vom Baumarkt oder Teppichgeschäft, oft auch als Rest sehr preiswert erhältlich

Lockenwickler: In Drogerien deutlich teurer als im Netz. Suchwort „Haftwickler" verwenden

Löffelhölzchen: Im Haushaltswarenladen („1-Euro"), Supermarkt, Schreibwarenladen

Papp- oder Schuhkartons: Beim Schuhgeschäft beiseitelegen lassen

Pappröhren von Küchenrollen, Geschenkpapier und Toilettenpapier: Sammeln; Klo-Röhren je nach örtlichen Hygienevorschriften im Ofen bei 100 Grad sterilisieren – kein Witz!

Pfeifenputzer: Im Haushaltswarenladen („1-Euro"), Netz, Bastelladen

Plastik-(Schnaps)-Becher: Im Haushaltswarenladen („1-Euro") etc.

Poolnudel: In größeren Baumärkten und Sportartikelläden, auch als „Schwimmnudel" im Netz zu finden

Putzschwämme mit Kratz-Seite: Im Haushaltswarenladen, Baumarkt, Supermarkt

Rettungsfolie: Aus der Apotheke oder im Netz bestellt

Rohrisolierungsrohr: Im Baumarkt / Sanitärabteilung erhältlich, preiswerteste Version ohne Schlitz erwerben.

Saugnäpfe: Im Haushaltswarenladen („1-Euro") etc.

Schaumstoffplatten: im Baumarkt kaufen oder ablegte Sitzpolster wiederverwenden

Schaumstoff-Stücke: Beim Polsterer erfragen (Reststoff!) oder im Baumarkt (teurer) kaufen

Schnur: Im Haushaltswarenladen oder Baumarkt

Sektkelche aus Plastik: Im Haushaltswarenladen („1-Euro") etc.

stabile Wäscheklammern: Im Haushaltswarenladen („1-Euro") etc.

Strohhalme aus Papier oder Plastik (5 mm Ø): Im Haushaltswarenladen („1-Euro") etc.

Styroporplatte: Im Baumarkt

Tetrapaks: Sammeln – oder Eltern zum Sammeln (und Abgabe in gespülter Form) einladen

Umzugskartons: Beim Umzugsunternehmen nach Resten fragen – oder bei den Eltern

Verpackungsteile (Quark, Eis, Margarine etc.): Sammeln – oder Eltern zum Sammeln (und Abgabe in gespülter Form) einladen.

Zahnstocher: Supermarkt, Drogerie